DAVIS-SHIELDS ELEM SCHOOL

3 5860 00026213 5   SP 921 HIL
Grant Hill : estrella del

DATE DUE			

SP
921
HIL

3 5860 00026213 5
Kirkpatrick, Rob.

Grant Hill :
estrella del
basketball

**DAVIS-SHIELDS ELEM SCHOOL
4520 S KEDZIE CHICAGO IL 60632**

621234 01195 38078D 40210F   008

Grant Hill
Estrella del basketball

Rob Kirkpatrick

Traducción al español
Mauricio Velázquez de León

The Rosen Publishing Group's
Editorial Buenas Letras™
New York

1

Para mi sobrino, Cameron. (Estoy invicto en tu contra)

Published in 2002 by The Rosen Publishing Group, Inc.
29 East 21st Street, New York, NY 10010

First Edition in Spanish 2002
First Edition in English 2001
Revised Edition 2002

Book Design: Michael de Guzman

Photo Credits: p. 5 © Ezra Shaw/Allsport; pp. 7, 11 © Jonathan Daniel/Allsport; p. 9, 17 © Scott Cunningham/NBA Photos/Allsport; p. 13 © Noren Trotman/NBA Photos/Allsport; p. 15 © Allsport USA; p. 19 © Phil Sears/Allsport; p. 21 © Doug Pensinger/Allsport; p. 22 © Jed Jacobsohn/Allsport.

Text Consultant: Linda J. Kirkpatrick, Reading Specialist/Reading Recovery Teacher

Kirkpatrick, Rob.
      Grant Hill : estrella del basketball / by Rob Kirkpatrick : traducción al español Mauricio Velázquez de León.
          p. cm. — (Reading power)
   Includes index.
   SUMMARY: Introduces the former Duke University basketball star, Grant Hill, who now plays for the Detroit Pistons.
      ISBN 0-8239-6125-7
      1. Hill, Grant—Juvenile literature. 2. Basketball players—United States Biography—Juvenile literature. [1. Hill, Grant. 2. Basketball players. 3. Afro-Americans—Biography. 4. Spanish language materials.] I. Title. II. Series.
      GV884.H45 K57 1999
      796.323'092—dc21
      [B]

Manufactured in the United States of America

Contenido

Grant Hill juega baloncesto *(basketball)*. Él juega en la liga NBA.

Grant juega con los Orlando Magic. Él tiene el número 33.

Grant es muy bueno driblando con la pelota. Además puede correr muy rápido.

Grant también jugó con los Pistones de Detroit. Grant consiguió muchos puntos para los Pistones.

A Grant le gusta "clavar" la pelota en la canasta. A esto se le conoce como *Slam Dunk.*

Grant es un buen pasador. A él le gusta dar pases con la pelota. Puede hacerlo con una sola mano.

15

Grant juega muy bien a la defensiva. Así evita que el otro equipo anote canastas.

17

Grant jugó baloncesto en la universidad de *Duke*. El equipo de *Duke* se llama los *Blue Devils*. Grant tenía el número 33.

Grant ayudó a Duke a ganar muchos partidos. Cuando ganaron un juego muy importante, Grant cortó la red de la canasta.

En 1996, Grant jugó con el equipo de los Estados Unidos en los Juegos Olímpicos.

Si quieres leer más acerca de Grant Hill, te recomendamos estos libros:

Grant Hill: Smooth as Silk (Sports Stars)
by Mark Stewart
Children's Press (1999)

Grant Hill
by Paul Joseph
Abdo & Daughters (1998)

Para aprender más sobre baloncesto, visita esta página de Internet:

http://www.nba.com/

Glosario

driblar Cuando un jugador mueve y bota rápido la pelota para esconderla del equipo contrario.

Juegos Olímpicos (los) Una competición en la que participan los mejores atletas del mundo.

NBA (National Basketball Association) Liga profesional de baloncesto con equipos de los Estados Unidos y Canadá.

pase Lanzar la pelota a otro jugador del mismo equipo.

clavada (la) / Slam Dunk Cuando un jugador salta con la pelota y la deja caer muy fuerte en la canasta.

Índice

Número de palabras: 160

Nota para bibliotecarios, maestros y padres de familia

Si leer es un reto, ¡Reading Power en español es la solución! Reading Power es ideal para lectores hispanoparlantes que buscan un nivel de lectura accesible en su propio idioma. Ilustrados con fotografías, estos libros presentan la información de manera atractiva y utilizan un vocabulario sencillo que tiene en cuenta las diferencias lingüísticas entre los lectores hispanos. Relacionando claramente texto con imágenes, los libros de Reading Power dan al lector todo el control. Ahora los lectores cuentan con el poder para obtener la información y la experiencia que necesitan en un ameno formato completamente ¡en español!

Note to Librarians, Teachers, and Parents

If reading is a challenge, Reading Power is a solution! Reading Power is perfect for readers who want high-interest subject matter at an accessible reading level. These fact-filled, photo-illustrated books are designed for readers who want straightforward vocabulary, engaging topics, and a manageable reading experience. With clear picture/text correspondence, leveled Reading Power books put the reader in charge. Now readers have the power to get the information they want and the skills they need in a user-friendly format.